Pe. HÉLCIO VICENTE TESTA, C.Ss.R.

NOVENA DAS ALMAS

EDITORA
SANTUÁRIO

Direção editorial:
Pe. Marcelo C. Araújo, C.Ss.R.

Coordenação editorial:
Ana Lúcia de Castro Leite

Revisão:
Leila Cristina Dinis Fernandes

Diagramação:
Marcelo Tsutomu Inomata

Capa:
Bruno Olivoto

Capa: *A Igreja Padecente – o Purgatório: Cristo, o Homem Liberto, a Pomba da Paz, Lázaro Ressuscitado*. Composição mística unindo os santos do céu e os homens da terra numa comunhão de orações pe-las almas, representadas quase como fetos humanos de olhos venda-dos, que se vão abrir à medida que se achegam mais perto de Cristo.

ISBN 85-7200-753-9
1ª impressão: 2001
11ª impressão

Todos os direitos reservados à **EDITORA SANTUÁRIO** — 2022

Rua Padre Claro Monteiro, 342 — 12570-000 — Aparecida-SP
Tel: 12 3104-2000 — Televendas: 0800 0 16 00 04
www.editorasantuario.com.br
vendas@editorasantuario.com.br

Apresentação

Morrer para ressuscitar: este é o mistério pascal que São Paulo exprimia afirmando a necessidade de passar da vida conforme a carne para a vida segundo o Espírito.

Esta transformação implica não só a remissão e o perdão do pecado, mas uma contínua transfiguração de toda a existência. Um penetrar sempre mais até as profundezas de nosso ser, para torná-lo sempre mais idôneo para esta plena e progressiva comunicação do amor que é Deus.

Na Igreja nesta terra essa purificação acontece por meio da caridade, da vida sacramental e litúrgica, pela ação caritativa e por meios que só Deus conhece. Na ascese cristã, a purificação através da mortificação ou sofrimento voluntário intencionalmente unidos à paixão de Cristo sempre teve um lugar privilegiado.

Mas a doutrina cristã sempre ensinou que a purificação na vida presente quase nunca poderá ser proporcionada à grandeza da futura comunicação divina. Por isso, no momento da morte e na vida depois da morte, o homem deve continuar a receber a purificação que ainda precisa, para poder ser membro daquela Igreja sem mancha nem rugas que Cristo quer apresentar ao Pai. A Igreja chama essa purificação, depois da morte, de purgatório.

Sobre a natureza e a duração dessa purificação formaram-se as crenças populares e concepções figurativas muito imaginativas, sobretudo com o espetáculo de penas terríveis. A purificação depois da vida terrena só pode ser obra de amor, da parte de Deus e da parte do homem. Deus, para se doar ao homem de maneira total, remove todo obstáculo para dilatar a capacidade de acolhimento por parte do homem.

Com fundamento bíblico, a Igreja tem como artigo de fé que existe tal purificação. O que o magistério autêntico formulou é muito sóbrio, porém: quem sai desta vida não completamente purificado, deve ser purificado no purgatório. Por outra parte, pelo intercâmbio vital da comunhão dos santos, cada fiel, e com maior eficácia a comunidade, tem um real poder de intervir junto de Deus com uma ajuda de sufrágio em favor dos defuntos. Para estes irmãos, que ainda depois da morte estão se purificando, Igreja oferece os seus sufrágios, uma vez que há a comunicação de bens espirituais entre a Igreja a peregrina e a Igreja padecente ou purificante.

O purgatório é a afirmação da dignidade do homem, garantia que na vida eterna ele não terá em si nada que ofusque, por pouco que seja, sua beleza e sua felicidade, porque terá atingido a perfeita inocência que o torna uma criatura sumamente amável a Deus infinitamente santo. Ao mesmo tempo é um aguilhão para o homem em sua caminhada para procurar, como os peregrinos em busca dos santuários, uma purificação que cresça de dia para dia, a fim de que seja manifestado ao Pai o amor que Jesus nos ensinou e comunicou e que o Espírito reaviva com a sua graça.

Do livro
"O caminho do Senhor – Catecismo para adultos",
Editora Santuário, p. 488-489.

Oração Inicial

Benditas almas do purgatório, que minhas orações vos sejam favoráveis.

Que Deus Pai, nosso criador, possa olhar para as vossas boas ações praticadas aqui na terra, que Deus Filho, que nos redimiu com seu sangue, seja para vós consolo e que o Espírito Santo, nossa força, vos dê a luz eterna.

Almas santas que compartilhais das alegrias do céu, eu vos ofereço minhas orações, para que junto de Deus possais interceder por mim.

Pelo vosso descanso eterno...

Pai nosso...

Para que a Luz eterna vos ilumine...

Pai nosso...

Pela vossa consolação...

Pai nosso...

Para que a Santíssima Trindade use de sua misericórdia nós damos glória ao Pai, glória ao Filho e glória ao Espírito Santo.

Como era no princípio, agora e sempre.

Amém.

Oração Final

Santíssima Virgem Maria, que olhais por todos nós que somos seus filhos, hoje vos peço pelas almas benditas que precisam de vosso auxílio para se purificarem totalmente e poderem desfrutar das maravilhas do céu.

Intercedei por todas e cada uma delas e que minha prece suplicante possa antecipar para elas o encontro glorioso com vosso Filho Jesus.

Para o alívio das almas e pelos merecimentos da vossa divina maternidade, encerro este dia da novena saudando-vos como fez São Gabriel na anunciação:

Ave, Maria...

1º Dia

Volta-te, Senhor, livra a minha alma;
salva-me por tua misericórdia (Sl 6,5).

Oração pelas Almas do Purgatório

Senhor meu Deus, vossa misericórdia é infinita e sob vosso nome santo todas as coisas foram criadas.

Salvai as almas dos nossos irmãos e irmãs que vos buscaram com fidelidade e que se encontram prontas para vos contemplar e louvar.

Chamai para junto de vós as almas que durante a vida souberam ser caridosas, souberam partilhar seus bens, mas que por alguma falha humana hoje não se encontram na plena glória de vossa presença.

Súplica

Benditas almas que experimentastes aqui na terra os sofrimentos e as angústias, intercedei a Deus por mim que sou um pobre pecador, e que preciso de vosso auxílio para superar as necessidades.

Suplico-vos os merecimentos de Nosso Senhor Jesus Cristo, para que vossa intercessão alcance para mim a graça que vos peço...

Pelas alegrias das almas que desfrutam do céu e pelo consolo das almas do purgatório rezo:

Pai nosso...
Ave, Maria... (7 vezes)
Glória ao Pai...

2º Dia

*O Senhor resgata a alma dos seus servos,
e nenhum dos que nele se refugiam
será condenado* (Sl 34,23).

Oração pelas Almas do Purgatório

Redentor nosso, vós que doastes vossa vida pelo amor da humanidade, que no lenho da cruz derramastes o vosso precioso sangue em resgate dos nossos pecados, peço hoje pelas almas daqueles que se consagraram ao vosso serviço. As almas de tantas pessoas que ouviram o vosso chamado de amor e que responderam com a sua consagração, com a sua dedicação ao anúncio do vosso Evangelho, mas que por não serem totalmente fiéis a vós hoje se encontram longe de vosso trono, sem poder desfrutar das alegrias da vossa presença.

Súplica

Benditas almas que experimentastes aqui na terra os sofrimentos e as angústias, intercedei a Deus por mim que sou um pobre pecador, e que preciso de vosso auxílio para superar as necessidades.

Suplico-vos os merecimentos de Nosso Senhor Jesus Cristo, para que vossa intercessão alcance para mim a graça que vos peço...

Pelas alegrias das almas que desfrutam do céu e pelo consolo das almas do purgatório rezo:

Pai nosso...
Ave, Maria... (7 vezes)
Glória ao Pai...

3º Dia

*Disse eu da minha parte:
Senhor, compadece-te de mim, sara a minha alma,
pois pequei contra ti* (Sl 41,5).

Oração pelas Almas do Purgatório

Divino Espírito Santo, que sois fonte de nossa saúde, hoje me dirijo especialmente a vós, pedindo pelas almas do purgatório.

Muitas vezes a doença entra em nossa vida, em nossos lares e não entendemos que somos seres finitos.

Quantas vezes nos revoltamos contra Deus e chegamos até a blasfemar.

Olhai com carinho para aquelas almas que durante as situações de doença não buscaram conforto na fé, mas, ao contrário, revoltaram-se e hoje sofrem por terem renegado ou blasfemado contra Deus.

Súplica

Benditas almas que experimentastes aqui na terra os sofrimentos e as angústias, intercedei a Deus por mim que sou um pobre pecador, e que preciso de vosso auxílio para superar as necessidades.

Suplico-vos os merecimentos de Nosso Senhor Jesus Cristo, para que vossa intercessão alcance para mim a graça que vos peço...

Pelas alegrias das almas que desfrutam do céu e pelo consolo das almas do purgatório rezo:

Pai nosso...
Ave, Maria... (7 vezes)
Glória ao Pai...

4º Dia

*O Senhor ama os que odeiam o mal;
ele preserva as almas dos seus santos,
ele os livra das mãos dos ímpios* (Sl 97,10).

Oração pelas Almas do Purgatório

Glorioso São Miguel, que chefiastes a batalha contra as forças do mal, lançando para sempre longe do céu aqueles que se rebelaram contra Deus.

Fervorosamente vos rogo pelas almas daqueles que durante sua presença na terra não trilharam o caminho do bem, da justiça e do direito.

Almas que se afastaram dos caminhos de Deus e hoje sofrem pela escolha feita, não deixeis que sofram mais e possam com a vossa bondade encontrar o caminho que leva para o céu.

Somos livres para escolher os caminhos que nos levam para junto de Deus ou que nos afastam, porém muitas pessoas deixam-se iludir por aquele que vós expulsastes do céu e caem nas ciladas dos inimigos de Deus.

Súplica

Benditas almas que experimentastes aqui na terra os sofrimentos e as angústias, intercedei a Deus por mim que sou um pobre pecador, e que preciso de vosso auxílio para superar as necessidades.

Suplico-vos os merecimentos de Nosso Senhor Jesus Cristo, para que vossa intercessão alcance para mim a graça que vos peço...

Pelas alegrias das almas que desfrutam do céu e pelo consolo das almas do purgatório rezo:

Pai nosso...
Ave, Maria... (7 vezes)
Glória ao Pai...

5º Dia

*Compadece-te de mim, ó Deus, compadece-te de mim,
pois em ti se refugia a minha alma;
à sombra das tuas asas me refugiarei,
até que passem as calamidades* (Sl 57,2).

Oração pelas Almas do Purgatório

Amado São José, que tivestes o encargo de proteger a sagrada família, que soubestes enfrentar todos os problemas que surgiram, que conseguistes livrar a mãe e o menino das mãos de assassinos e os conduzistes pelos caminhos da segurança e do bem-estar.

Rogo hoje pelas almas que se encontram no purgatório por não terem buscado a sua segurança em Deus nos momentos de calamidade, mas, ao contrário, culparam a Deus pelos males que assolavam a sua vida.

Olhai por todos os que se desesperaram e que deram fim à sua vida como forma de abreviar os seus sofrimentos. Vós, que sois o padroeiro da boa morte, possais alcançar para essas almas aflitas o conforto do céu.

Súplica

Benditas almas que experimentastes aqui na terra os sofrimentos e as angústias, intercedei a Deus por mim que sou um pobre pecador, e que preciso de vosso auxílio para superar as necessidades.

Suplico-vos os merecimentos de Nosso Senhor Jesus Cristo, para que vossa intercessão alcance para mim a graça que vos peço...

Pelas alegrias das almas que desfrutam do céu e pelo consolo das almas do purgatório rezo:

Pai nosso...
Ave, Maria... (7 vezes)
Glória ao Pai...

6º Dia

*Aquele que é limpo de mãos e puro de coração;
que não entrega a sua alma à vaidade,
nem jura enganosamente* (Sl 24,4).

Oração pelas Almas do Purgatório

Querido São Pedro, que, com a vossa profissão de fé em Jesus Cristo, declarando-o filho de Deus, alcançastes a graça de ter o poder sobre as portas do céu e do inferno.

Olhai caridosamente para as almas que estão aflitas no purgatório e abri para elas as portas do céu.

A vaidade e a cobiça tomaram conta de seus corações enquanto estavam presentes neste mundo, mas a purificação que já passaram fizeram-nas compreender que as vaidades passam e somente o amor e a justiça permanecem.

Súplica

Benditas almas que experimentastes aqui na terra os sofrimentos e as angústias, intercedei a Deus por mim que sou um pobre pecador, e que preciso de vosso auxílio para superar as necessidades.

Suplico-vos os merecimentos de Nosso Senhor Jesus Cristo, para que vossa intercessão alcance para mim a graça que vos peço...

Pelas alegrias das almas que desfrutam do céu e pelo consolo das almas do purgatório rezo:

Pai nosso...
Ave, Maria... (7 vezes)
Glória ao Pai...

7º DIA

*Pois ele satisfaz a alma sedenta
e enche de bens a alma faminta* (Sl 107,9).

Oração pelas Almas do Purgatório

Santíssima Virgem Maria, pela vossa imaculada conceição não experimentastes a mancha do pecado.

Velai com vosso amor maternal as pobres almas que se encontram no purgatório, sedentas do amor de Vosso amado Filho.

Almas que em vida se fartaram de bens sem perceber que era necessário partilhar com os mais carentes, que se firmaram em seus bens sem ver os seus irmãos que sofriam com a fome e com o frio.

Sede para elas conforto neste momento que percebem que seus bens terrenos só as impediram de conquistar o grande tesouro no céu.

Súplica

Benditas almas que experimentastes aqui na terra os sofrimentos e as angústias, intercedei a Deus por mim que sou um pobre pecador, e que preciso de vosso auxílio para superar as necessidades.

Suplico-vos os merecimentos de Nosso Senhor Jesus Cristo, para que vossa intercessão alcance para mim a graça que vos peço...

Pelas alegrias das almas que desfrutam do céu e pelo consolo das almas do purgatório rezo:

Pai nosso...
Ave, Maria... (7 vezes)
Glória ao Pai...

8º Dia

Somente em Deus espera silenciosa a minha alma; dele vem a minha salvação (Sl 62,2).

Oração pelas Almas do Purgatório

Ó São Gabriel Arcanjo, portador da boa notícia da encarnação de Jesus Cristo no seio da Virgem Maria.

Vós, que fostes o escolhido para carregar a Boa-Nova da nossa salvação, sede para as almas que agonizam no purgatório o portador da feliz notícia da sua subida para junto de Deus.

Peço-vos principalmente pelas almas que durante sua vida ocuparam seu tempo com maledicências e notícias que não edificavam os irmãos, pelas almas daqueles que fizeram sofrer aos outros com suas mentiras.

Súplica

Benditas almas que experimentastes aqui na terra os sofrimentos e as angústias, intercedei a Deus por mim que sou um pobre pecador, e que preciso de vosso auxílio para superar as necessidades.

Suplico-vos os merecimentos de Nosso Senhor Jesus Cristo, para que vossa intercessão alcance para mim a graça que vos peço...

Pelas alegrias das almas que desfrutam do céu e pelo consolo das almas do purgatório rezo:

Pai nosso...
Ave, Maria... (7 vezes)
Glória ao Pai...

9º Dia

*Se o Senhor não tivesse sido o meu auxílio,
já a minha alma estaria habitando
no lugar do silêncio* (Sl 94,17).

Oração pelas Almas do Purgatório

Santa Maria Madalena, o encontro com Jesus fez com que a vossa vida fosse transformada e redimida. Tivésseis o privilégio de ser a primeira testemunha da ressurreição.

Muitas almas do purgatório não puderam realizar o seu encontro redentor com Jesus e vivem sem as alegrias do céu.

Velai por todas e cada uma dessas almas pecadoras e sede para elas testemunha da redenção.

Súplica

Benditas almas que experimentastes aqui na terra os sofrimentos e as angústias, intercedei a Deus por mim que sou um pobre pecador, e que preciso de vosso auxílio para superar as necessidades.

Suplico-vos os merecimentos de Nosso Senhor Jesus Cristo, para que vossa intercessão alcance para mim a graça que vos peço...

Pelas alegrias das almas que desfrutam do céu e pelo consolo das almas do purgatório rezo:

Pai nosso...
Ave, Maria... (7 vezes)
Glória ao Pai...

Orações pelas Almas

– I –

Ó Pai das misericórdias, Deus de infinita bondade, humildemente vos rogamos, tenhais piedade das almas santas que estão no purgatório, especialmente dos nossos parentes e benfeitores. Lançai um olhar propício sobre elas e chamai-as para a posse da pátria celestial.

Dignai-vos, pois, usar com elas a vossa infinita misericórdia. Ouvi, Senhor, o pedido que vos fazemos com toda a confiança, em vista dos merecimentos da paixão e morte de Jesus, e fazei que elas fiquem consoladas indo gozar, sem demora, aquela glória imortal que tendes preparado para os vossos eleitos.

Misericordioso Senhor, tende piedade das benditas almas do purgatório.

Dai-lhes, Senhor, o eterno descanso.

E entre os resplendores da luz perpétua fazei que descansem em paz.

– II –

Senhor Jesus, dignai-vos, pelo sangue precioso que derramastes no Jardim das Oliveiras, socorrer e livrar as almas do Purgatório, principalmente a mais desamparada. Levai-a hoje para o céu, a fim de que, unida aos Anjos e à vossa Mãe Santíssima, ela vos bendiga para sempre. Amém.

Senhor Jesus, pelo sangue precioso que derramastes durante vossa flagelação, dignai-vos socorrer e livrar as almas do Purgatório, principalmente a que em vida me fez mais benefícios. Levai-a hoje para o céu, a fim de que, unida aos Anjos e à vossa Mãe Santíssima, ela vos bendiga para sempre. Amém.

Senhor Jesus, pelo sangue precioso que derramastes durante a vossa coroação de espinhos, dignai-vos socorrer e livrar as almas do Purgatório, principalmente a que mais amou a Santíssima Virgem. Levai-a hoje para o céu, a fim de que, unida aos Anjos e à vossa Mãe Santíssima, ela vos bendiga para sempre. Amém.

Senhor Jesus, pelo sangue precioso que derramastes carregando vossa cruz, dignai-vos socorrer e livrar as almas do Purgatório, principalmente a que sofre pelos maus exemplos que lhe dei. Levai-a hoje para o céu, a fim de que, unida aos

Anjos e à vossa Mãe Santíssima, ela vos bendiga para sempre. Amém.

Senhor Jesus, pelos merecimentos do sangue precioso contido no cálice que apresentastes a vossos apóstolos depois da Ceia, dignai-vos socorrer e livrar as almas do Purgatório, principalmente a que foi mais fervorosa com o Santíssimo Sacramento do Altar. Levai-a hoje para o céu, a fim de que, unida aos Anjos e à vossa Mãe Santíssima, ela vos bendiga para sempre. Amém.

Senhor Jesus, pelos méritos do sangue precioso que emanou de vossas chagas, dignai-vos socorrer e livrar as almas do Purgatório, principalmente aquela a quem me confiastes na terra. Levai-a hoje para o céu, a fim de que, unida aos Anjos e à vossa Mãe Santíssima, ela vos bendiga para sempre. Amém.

Senhor Jesus, pelos méritos do sangue precioso que saiu do vosso Sagrado Coração, dignai-vos socorrer e livrar as almas do Purgatório, principalmente a que mais propagou o culto do vosso Sacratíssimo Coração. Levai-a hoje para o céu, a fim de que, unida aos Anjos e à vossa Mãe Santíssima, ela vos bendiga para sempre. Amém.

Senhor Jesus, pelos merecimentos de vossa adorável resignação sobre a Cruz, dignai-vos socorrer e livrar as almas do Purgatório, principalmente a que mais padece por minha causa. Levai-a hoje para o céu, a fim de que, unida aos Anjos e à vossa Mãe Santíssima, ela vos bendiga para sempre. Amém.

Senhor Jesus, pelos méritos das lágrimas que a Santa Virgem derramou aos pés de vossa cruz, dignai-vos socorrer e livrar as almas do Purgatório, principalmente a que vos é mais cara. Levai-a hoje para o céu, a fim de que, unida aos Anjos e à vossa Mãe Santíssima, ela vos bendiga para sempre. Amém.

– III –

Almas benditas do Senhor, vós que estais na intimidade de Deus, nosso Pai, e ansiosas aguardais a hora abençoada em que as portas do céu se abram para vós, ouvi a nossa súplica.

Vós, que no convívio com os homens experimentastes as angústias e as aflições desta terra e hoje estais na expectativa de gozar da mais plena felicidade da vossa união com Deus, pedi ao Pai alívio para os nossos sofrimentos e coragem para prosseguirmos em nossa caminhada para a casa do Pai.

Vós, que nesta vida colocastes vossa mão trêmula e fraca na mão forte e segura de Jesus Cristo, que caminhastes lado a lado com ele através dos anos da vida terrestre e que hoje estais na feliz companhia do Nosso Salvador junto ao Pai, fazei que o coração de Jesus infunda confiança e paz em nosso coração e ilumine nosso espírito com sua divina sabedoria para que possamos caminhar tranquilos nas estradas tortuosas desta vida até nos juntarmos a vós no banquete celeste com a Virgem Maria e com todos os Santos. Amém.

Almas santas e benditas, rogai a Deus por nós, que rogaremos a Deus por vós; alcançai para nós os **favores que vos suplicamos...** e que Deus vos dê repouso e luz eterna. Amém.

Oração a Nossa Senhora da Consolação pelas Almas

Ó Mãe compassiva da Consolação, olhai, eu vos rogo, para as benditas almas do purgatório. Elas são o caríssimo objeto de amor de vosso divino Filho; elas o amaram durante a vida e ao presente ardem em desejos de vê-lo e possuí-lo; não podem, porém, romper por si mesmas as cadeias e nem sair desta situação. Que o vosso terno coração se comova por elas. Dignai-vos consolar aquelas almas que vos amam e, constantes, suspiram por vós; são filhas vossas, mostrai que sois para elas Mãe da Consolação. Visitai-as, mitigai-lhes as penas, abreviai-lhes a expectativa, apressai-vos em libertá-las, alcançando que o vosso divino Filho lhes aplique os merecimentos infinitos do santo sacrifício que por elas se celebra.

Pai-nosso, Ave-Maria e Glória ao Pai.

Terço das Almas

Em cada conta, na qual se reza o **Pai-nosso**, rezar: "Meu Jesus misericordioso, meu Deus. Creio em vós porque sois a mesma verdade. Espero em vós porque sois fiel às vossas promessas. Amo-vos porque sois infinitamente bom e amável".

Nas **três contas** junto da cruz, rezar: "Meu bom Jesus, não me deixeis morrer sem receber os últimos sacramentos".

Nas **dezenas**, rezar: "Doce Coração de Maria, sede a minha salvação".